生為苦之因　眾苦所依聚　老病諸愁憂　無常等住地

宗喀巴大師顯密修行次第科頌

煩惱復隨生　逼迫身心等　生為死之因　無生何有死

宗喀巴大師◎著
能海法師◎譯

《菩提道次第》，即三十七道品，為修行的工具，若僅講法相，則不能起作用。又西藏贊菩提道次第名曰完全次第，完全者兼指顯密言，次第者指配合恰好言。次第之妙，惟修行人方能領略，其妙處如機器然，第一輪動，其餘各輪皆動。

菩提道次第攝修求加持頌

南無第二法王無上悲智雪山善巧賢慧普聞文殊應化根本
大師宗喀巴尊足下恭敬頂禮伏乞一切時處普垂攝護（三次白）

具德根本無上大寶師　安住於我頂尖蓮月輪
大恩難得門中隨攝引　身口意三悉地使我成
接引無比教王薄伽梵（釋迦佛）　補處菩薩至極不敗尊
如來授記聖者無着師　佛佛子三恭敬作白啓
莊嚴南洲善巧天親主　獲得中道聖者解脫軍
住入信地解脫勝軍師　世間眼目三尊作白啓
無比善說滅諸戲論主（釋迦佛）　普攝衆智勝者妙吉祥
觀甚深義至聖龍樹師　妙說頂嚴三尊作白啓

能成衆德之體具恩師　如理依止道之初步正
善觀察已恆時奮殷勤　作大恭敬依止求加持
偶一獲此圓滿有暇身　最極難得大事了知竟
日夜恆時決擇心堅固　生起相續不絕求加持
身命動搖猶如水中泡　迅急滅壞必死應思維
死已如影隨形黑白業　引起後果決定獲不異
如是知已一切諸惡業　細而又細亦復令斷離
衆善資粮究竟能修成　恆常具足殷勤求加持
受用無厭一切衆苦門　世間滿足深險罪業坑
堅意遠離解脫安樂永　義樂廣大生起求加持
即此清淨出離慧引起　正知正見大大不放逸

聖教根本別別解脫戒　堅持修行能作求加持
如我淪落生死固如是　一切父母眾生陷溺亦如之
見已解脫諸趣擔負荷　發起菩提勝心求加持
僅唯發心不受菩薩戒　或受不修亦難成菩提
能善觀已佛子三聚戒　起大精進受學求加持
心趨倒境動搖能作止　且於正義如理起尋思
由是引發止觀雙運道　速急相續生起求加持
共同道熟密器成就已　一切乘中最勝金剛乘
堪能士夫契入正習修　決定穩速入道求加持
此時二種悉地成就體　宣說清淨誓語三昧耶
無諂誑心決定獲得已　勝於生命守護求加持

此後密部心要二次第
勝義瑜伽四次不動搖
如此妙道依止善知識
一切內外魔障中斷類
出生萬善恩師永不離
地道一切功德圓滿已

凡諸律要觀行務精勤
準如師教修行求加持
如理修行善友能常依
隨即消滅清淨求加持
諸法資財受用悉具備
持金剛位唯願穩速登

宗喀巴大師顯密修行次第科頌

比丘能海輯

歸敬頌　諸佛正法賢聖僧　直至菩提永皈依
我以所修諸善根　爲利有情願成佛

修行次第（分五大科）（初）三士前導（二）下士修法（三）中士修法
（四）上士修法（五）密乘修法

（初）三士前導分二（初）有暇資圓之信樂（二）入道方便

（甲）初有暇資圓之信樂分二

（乙一）得八有暇（丙一）非三惡道（丙二）非盲聾瘖瘂（丙三）非世智邪辯（丙四）非正法滅盡時（丙五）非北洲（丙六）非無想天等（初開爲三卽成八）

頌　地獄鬼畜生　盲聾瘖瘂等　世智邪辯才　正法滅盡時
北洲無想天　是名爲八難　難聞佛法故　無此稱有暇

(乙二)得十圓滿分二

(丙一)依內五種　(丁一)衆同分圓滿　生在人中得丈夫身等(丁二)處所圓滿　生在人中得四衆處等(丁三)依正圓滿　生處中國不缺根支性不頑嚚解善惡語堪能受法(丁四)無業障圓滿　於現生中不自教他曾作五無間罪(丁五)無信解障圓滿　於現生中必不成就五無間罪不於惡處而作信解

頌　衆同處所依正圓　現生不作五無間
無諸邪見信業果　如是五種內圓滿

(丙二)依外五種　(丁一)大師圓滿　遇大師出世(丁二)世俗正法施設

圓滿　値大師教法（丁三）勝義正法流轉圓滿　値大師弟子等依法證得諸果向等增上功德（丁四）正行不滅圓滿　世俗正法猶在未滅勝義正法未隱未斷（丁五）隨順資緣圓滿　即衣食臥具湯藥等緣

頌

大師世俗勝義法　教猶住世證未隱
四種資緣悉具足　如是名爲外圓滿

（甲二）入道方便分四

（乙一）親近善士分三

（丙一）親近之功德勝利分三（丁一）得法流甘露滋養慧身（丁二）得有形無形之攝護不墮邪險（丁三）指示道途之曲直險易無迂迴遲緩不入疑怖之林穩速抵家

頌

諸佛諸祖勝法流　現前恩師二攝護

示初中後道險易　穩速至家唯賴師

（丙二）所親近之德分十（丁一）調伏　與戒相應者（丁二）寂靜　與定相應者（丁三）惑除　與慧相應伏斷煩惱者（丁四）德增　戒定慧具不缺不減者（丁五）有勇　益他無畏無倦者（丁六）經富　有多聞者（丁七）覺眞　了實義者（丁八）善說　不顛倒者（丁九）悲深　無希求者　（丁十）離退　於一切時恭敬說者

頌

調伏寂靜斷伏惑　德增有勇阿含富　覺眞善說悲願廣
離退十德堪依止　若無全具此十德　應具悲心與調伏

（丙三）能親近之事分三（丁一）意樂分三（戊一）信　常觀功德故（戊二）敬　常念恩德故（戊三）無退　不思不見一切過失故　（丁二）加行分二（戊一）以身命財力修供養（戊二）以如教修行供養

頌　常思功德常念恩　不見不思師過失
　　內外供養法供養　加行意樂事師事

（乙二）聽聞正法分九　（丙一）不驕慢　不執財色知見故（丙二）不蓋障　不爲五蓋所覆故（丙三）恭敬　說法者作大師想佛法難得聞想（丙四）不怯　聞諸聖者難行難忍不怯不弱（丙五）不貪　不爲稱讚名聞好奇貪多學而不修行（丙六）及時　爲自他利請法應時（丙七）不求過　不觀說法人過失（丙八）依義　善達法義不泥文言（丙九）喻　佛如醫王法如妙藥自爲將死之病人

頌　不倒不覆善持瓶　不怯不貪能及時
　　不求過失依於義　醫王良藥及病觀

（乙三）如理作意分四　（丙一）樂法　正思　稱量　觀察　精密攝持　（丙

（二）十四無記及離言境不作邪思（丙三）未知求知已知無忘（丙四）不了達理仰推如來不生疑謗

頌

於所聞法樂正思　稱量觀察依於義　默說大說諸密義

不思議處不思議　未知義求正了知　先了知義無忘失

於甚深理不能達　仰推如來非我境

（乙四）法隨法行分三　（丙一）如所求所受之法身語意業無倒次第修學（丙二）於佛制止身語意業決不造作誤作速為懺除（丙三）於佛令修身語意業如教次第精勤修學有未能者發慚愧心設忘失當補作

頌

如所求法如所受　身語意業無倒轉

於佛所止不造作　佛令修行勤精進

（二）下士修法分四　（初）念無常（二）觀惡趣（三）歸三寶（四）明業果

甲初念無常 分四 (乙一)凡有情必死之決定(乙二)死不定何時來(乙三)死至時無可拒止(乙四)死後不定何趣受生

頌 有情決定死 死來無定期 死至不可拒 死後何所歸

甲二觀惡趣 分四 (乙一)遊履何道自無主宰(乙二)獄中寒熱等苦(乙三)餓鬼饑渴等苦(乙四)畜生饑餓互食鞭打負重殺害等苦

頌 地獄寒熱苦無間 餓鬼腹饑頭火燃
畜生互食打殺苦 自無主宰隨業牽

甲三歸三寶 分四 (乙一)決定 除三寶外無人無法可作究竟之歸依(乙二)信樂 知三寶有實德能堪作究竟解脫自他苦縛之歸救處(乙三)受皈 受皈之法準上二義無諂誑憎慢下坐從師受得 (千里內如無僧得從佛前受後遇僧時即速補受)

頌　決定信樂歸三寶　無諂誑憍從師受

(乙四)行持分二

(丙一)別學分二

(丁一)應止者分三　(戊一)永不皈依天神外道　(戊二)不惱害一切衆生(戊三)不與外道共住

頌　不歸天神外道等　不惱不害於衆生
不與外道人共住　遠斯三法失歸依

(丁二)應持者分三　(戊一)永歸依於如來(戊二)永歸依於正法　(戊三)永歸依於僧衆

頌　歸敬如來是我師　歸敬正法證教體
現前僧衆四果等　直至菩提永歸依

(丙二)共學分六　(丁一)常念三寶殊勝功德　(丁二)報三寶恩故凡諸受用先當以事以意恭敬供養　(丁三)發四宏願晨夕各作三次　(丁四)凡有興作或有所求皆先呈白現前三寶除世間常事　(丁五)了知三寶利樂晨夕各作三次歸依　(丁六)守護三寶如人愛命雖遊觀等時亦不失念

頌　常念三寶勝功德　恩德無邊應供養　於諸衆生發宏願

凡所興求白三寶　晨夕三七作歸依　守護歸戒如愛命

(甲四)明業果分四

(乙一)認業果決定分二

(丙一)五果分五

(丁一)異熟果分三　由善惡等有記之業　而得無記等果　因果相望不同　故曰異熟　如上品十惡能感地獄之異熟身　中品餓鬼　下

品畜生　十善天人　若在人中　最優勝者　壽量　形色　種族自由　一切圓滿　信言威肅　大勢　名稱　男性　大力　一切具足

頌　因由善惡業　果屬於無記　異時及異類　變易等果熟

（戊一）異時而熟

頌　因果不同時　非如刀砍傷　有生報後報　要待緣而熟

（戊二）異類而熟

頌　人作善惡業　天獄等受報　或因口作業　受報在身等
又手足作業　而餘處受報　勿謂報有差　報主不變易

（戊三）變易而熟

頌　木水盡成炭　炭無火成灰　舊種壞　新種生　果縛斷

子縛生　報有生後　果須變易

(丁二)等流果　由前之善心而轉生後之善心　依前之惡心而益生後之惡心　無記亦然　謂出惡趣已　雖生人中　猶招同等類流之惡果　以十惡業次第配之　壽命短促　受用匱乏　妻不貞良　多遭毀謗　親眷乖離　聞違意聲　他不受語　貪瞋癡惑　比餘增勝

頌

善惡或無記　同等類相續　以十惡對觀　善流則異此

(丁三)增上果　此由正報所感之依報也　譬如多殺生者　外器世間飲食藥果　微小無力　不予取者　常値旱潦　果實鮮少　欲邪行者　汚泥糞穢　心所不樂　若妄語者　農事船業　虛而不實少興盛等　離間語者　地不平坦　高下難行　粗惡語者　地多株杌　荆棘瓦礫等　若綺語者　果不結實　或非時結實等　貪心者

一切勝事　年月日夜　轉衰微等　瞋心者　多有疫癘災害兵戈等　邪見者　於世間勝妙生源　漸見隱沒等

頌　增上謂外緣　是正報所依　世人不了此　緣劣怨他人

（丁四）士用果　總依造作之力而得者　如力田之於穀麥　加行之於道果（餘從略）

（丁五）離繫果　依涅槃之道力而證顯之者　涅槃離諸繫縛　故云離繫（餘從略）

頌　士用造作力　離繫道所顯

（上之正義今未具引詳見瑜伽顯揚毗婆娑俱舍等論參攷則楞嚴文最妙）

（丙二）四報分四　（丁一）現報　此生作業此生受報（丁二）生報　此生作業來生受報（丁三）後報　此生作業後後生受報（丁四）不定報　此

生作業不定現生後何生受報

頌

或此生現報　或報在來生　或後後生報　或不定何生

引滿諸緣異　故報時差別　報快禍福淺　報遲禍福深

罪報要求急　福報迴衆生

(乙二)黑白業之取捨分二

(丙一)十善應取
(丙二)十惡應捨 } 十不善之過患

惡名流布　智者所呵　樂少苦多　遠善近惡　死時生悔　後墮惡道　世世積集　久則難治　從冥入冥　常在三塗　難得出離　又自不護愛　自樹敵幢　安布苦具　坑陷機關　相易淫殺　自賊其身　累及父母　妻子朋黨

連類災害　又毒藥雖少　久則殺身
負債雖少　漸漸滋息　十惡應捨　十
善當取　云何爲善　反十惡故

頌　已作業不失　未作業不得　業果若不定　便成無因果
業果若決定　衆生不成佛　當知業可轉　如二水相投
熱多冷從熱　冷多熱從冷　智者善觀察　作業知取捨

（乙三）除黑業四力分四

（丙一）滅現行罪力　依律制諸法現前懺除

頌　滅現行罪依律制　滅過現罪法又六
令罪不生精修戒　依師三寶息諸惡

（丙二）滅過現罪力分六　（丁一）依讀誦甚深經典力（丁二）依持誦密咒

力（丁三）依觀佛菩薩形像力（丁四）依禮拜供養造塔像及施等力（丁五）依稱讚佛菩薩功德名號力（丁六）眞空信解力

頌　事懺誦經持密咒　觀像禮拜供養力　造塔造像及佈施
稱讚佛僧名號等　若能了達眞空理　名爲理懺滅罪根

（丙三）令罪不現行力　精嚴學修戒學（丙四）依止力　依賴三寶師尊有形無形止惡修善

（乙四）破邪見分三

（丙一）破毀謗戒乘　謗別解脫戒等（頌見上士修法戒波羅密）

（丙二）破惡取空　執無因果等

頌　世人執虛妄　而興鬥爭苦　如來說空義　爲救此苦等
若復又執空　是名佛不救　由空義錯解　無因果罪福

殺生貪飲酒　妄語言自證　乃至偷盜等　皆從我執生
非眞無我執　口談說玄妙　心實生愁城　我執諸緣困
由我執滅壞　慧眼觀一切　無罪無非罪　我執立無基
若我執未壞　肉眼觀世間　無罪福因果　此何異牛馬

（丙三）開示愚癡不畏罪

頌

自安穩快樂　現前皆如意　遊玩衣食美　任情依強勢
不畏福漸盡　亦不愍他人　謗三寶戒定　大笑憫人愚
不即時行樂　自苦或迷信　福盡而衰現　種種橫逆生
人死財消散　慘痛無所依　王臣被抄沒　苦境過常人
萬緣不隨已　思往倍傷心　前途茫無計　行樂更增悲

（三）中士修法分二　（初）四諦（二）三十七助道品（附十二緣起頌）

(甲)初四諦 分四

(乙一)苦諦四相 分四

(丙一)苦苦　惑業自在所成故苦　(三)苦　八苦　六道等苦　觀苦因由)

(丁一)三苦　(戊一)苦苦　生　老　病　死　怨憎會等苦　(戊二)樂苦　愛別離苦　求不得苦　(戊三)行苦　五取蘊苦

(丁二)八苦　(戊一)生苦觀 分四　(己一)生由苦中引出　謂地獄有情　純苦餓鬼及餘受苦有情　多由苦受引生　從苦生苦　苦由苦生　(己二)生爲衆苦所依止處　是住持老病愁憂無常等之基址故　(己三)生爲煩惱所依止故　若生此世　便有煩惱隨生　逼迫身心　難安樂故　(己四)生爲死因　雖非所欲總不能免故

頌　生爲苦之因　衆苦所依聚　老病諸愁憂　無常等住地
煩惱復隨生　逼迫身心等　生爲死之因　無生何有死

（戊二）老苦觀分五　（已一）盛色衰滅　腰弓　頭白　髮落　面縐不可愛樂　（已二）氣力衰滅　坐立艱難　言詞訥鈍　行動遲緩　（已三）諸根衰滅　眼根於色　不堪明辨　乃至念力多忘　（已四）受用衰減　飲食難消　餘欲亦滅　（已五）壽量漸短　如少水魚

頌　老苦復可憐　盛色日衰滅　腰弓頭似銀　面縐不樂看
念力多忘失　命根快欲斷　壽者復多憂　久憂長不死

（戊三）病苦觀分五　（已一）身體病壞　肉瘦皮枯　（已二）憂苦增長四大不調　逼惱其身　日夜愁惱　（已三）不堪受用　於可意境

不良於病　不堪受用　所欲威儀　無能振作　（巳四）強令受用於不樂境諸藥食等　惟強受之　乃至火燒針刺粗猛觸等　亦須忍受　（巳五）命根斷絕　恐命不永　所生諸苦

頌　四大不均平　逼惱身心苦　肉瘦皮乾枯　動止不自由
威儀難振作　受針灸等痛　樂境欲不與　時時斷命憂

（戊四）死苦觀分二　（巳一）受用離別　難捨田宅財用　朋翼眷屬自身可愛　（巳二）命終時苦　將捨受時萬苦交煎

頌　死苦痛捨離　一切攜不去　極可愛自身　眷屬良朋翼
田宅諸財物　勢位巧文藝　父母諸妻子　不能相偕去

（戊五）怨憎會苦　仇怨相會　恐其報怨　治罰　惡名　逼命等苦

頌　若仇怨相逢　怖報怨治罰　惡名聲逼命　避免苦復生

（戊六）愛別離苦　親愛眷屬生別離等　發起憂惱愁嘆悲哭愛戀迫
心等苦

頌　由世境所迫　親愛眷屬離　發起愁憂惱　悲哭等痛心

（戊七）求不得苦　農不穫實　商不獲利　高位無階　求聞不達
心灰意冷　惱喪難堪

頌　農種不穫實　商賈而失利　欲高位無階　求聞事反違
或心灰意冷　惱喪等難堪　或苦思計較　欲求不得苦

（戊八）五蘊取著轉熾苦分五　（已一）引後有苦器　謂依五取蘊身心
能引以後諸苦　（已二）現成苦器　謂能依此受老病等　（已三）
苦苦器　粗重現苦　（即老生等苦）　（已四）壞苦器　暫時隨順
自已　與樂和合之將來苦　（已五）行苦性一　由先惑業自在之一

切行為　而有此身器　以此身器復又引起死中後有等行　猶如連鎖　果縛未脫　子縛復生　流轉之中　數數捨身　數數受生　損益不定　勝劣無定　獨來獨往　而受如上生等諸苦　無有厭棄　不求止息　聽其流浪　受困無窮　豈不哀哉　豈不哀哉

頌

貪著於五蘊　流轉苦增盛　引後有無窮　成現在苦器
亦盛苦苦器　雖暫時隨已　與樂境共生　捨離苦復起
引起死中後　猶連鎖無盡　果縛未脫離　子縛已早生
流轉盡六道　數數取捨身　積骨過須彌　乳淚勝海深
損益業不定　勝劣趣無憑　獨來亦獨往　無人作伴侶
長劫受重苦　復不作厭棄　亦不求停息　應風浪起止

（丁三）六道等苦

頌　諸天戰爭時　斷支殞命等　劣天被驅擯　死住不自在
修羅多嫉妬　熱惱而興鬥　截支或斷命　雖智不見諦
人苦謂生等　苦迫如獄鬼　或修羅畜生　似天而速壞
畜弱肉強食　困饑渴獵等　耕負任打殺　但念水草淫
餓鬼業由貪　內外自體障　人間月為日　壽命五百年
地獄中輕苦　勝刺三百槊　寒熱等無間　壽命同天量
由何當觀苦　自觀趣解脫　若不觀他苦　悲心無所出
父母在獄中　或墮於鬼畜　盼我救拔他　安可自受樂

(丙二)苦無常　剎那生故　從緣生故　故無常

(丙三)苦空　他義之主宰無故空　(丙四)苦無我　自性之主宰不成就故無我

(乙二)集諦四相分四

(丙一)集因(惑)　猶如疾病　是生諸苦之因故

(丙二)集集(業)　猶如瘡疽　諸苦漸次漸次發生故

(丙三)集生(苦)　猶如忽被痛刺　諸苦猛烈生故

(丙四)集緣　上三者之助　猶如罪人之邏卒　守至死　有時及逼迫令其於中三界作餘緣之能作者故　(今人稱爲環境也)

頌

初煩惱發生　次積業增長　若死若結生　於中相續等
成流轉之因　由惑業二者　然以惑爲主　若無水土潤
業種芽不生　離苦亦無困　又雖無先業　新惑取後蘊
貪瞋癡等惑　一一極可怖　貪如麵入油　如蜂如魚等
毒食刀上蜜　淫女軟賊等　瞋恚心麤猛　猶如不治火

損害於自他　焚燒功德林　無明貪瞋等　壞自他壞戒
衰損失利譽　鬭諍增惡死　他生墮八難　使我大憂苦
住於我心中　以我作奴婢　驅我歷萬險　引我到深淵
樂我亦損我　忍苦反受呵　如是煩惱怨　百倍世間仇
世仇有等限　此仇常悠悠　善觀施對治　勿任此心遊

（乙三）滅諦四相分四

（丙一）滅　滅之自性之相者　即無我相是也　謂即斷煩惱之離故　（一因體）（正在工作之刹那）

（丙二）解脫　即苦寂盡之離是也　（大經說爲寂靜遠離）

（丙三）妙善　即眞阿練若以樂淨爲自性能成之離　於無明愛死等苦蘊究竟寂靜之中於無我性及解脫及阿練若及空性等之相無與願無及

於現行性之所作亦無（境）
（丙四）定生　決定出生之相者　即空無願無作之能作是也　如次的如其所有決定出生　離因性三者之成就　及離與斷　凡此決定出生殷勤之現行能作之成就及斷離等（行或用）

頌

滅謂滅我相　斷煩惱之離　解脫言苦盡　妙善阿練若
是境是能作　空無願無相　能作成就者　名決定出生

（乙四）道諦四相分四
（丙一）道　發趣菩提涅槃之道　根本智之能作
（丙二）道品三十七　於現在煩惱種子之習氣　能作斷離之加行法　依不顛倒之理念隨順之　爲建立佛法不可離之修行方法
（丙三）道成辦　心之住理現證能於三學之加行等成辦　（丙四）道決定

獲　修行解脫之法時　能作盡苦之道　於此諸法之加行能作

頌　道者趣菩提　體智之能作　道品多屬用　順理諸方便
戒定慧等學　心住理能行　由修解脫行　能生盡苦智

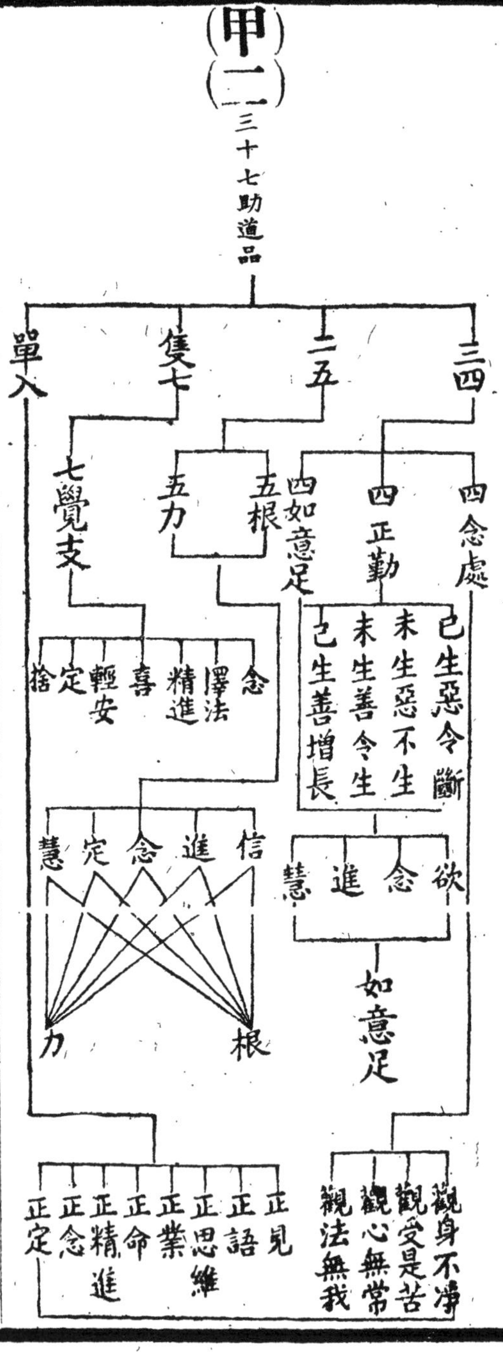

頌（總說）三十七助道　四念處正勤　及四如意足　五根五力等
七覺八正道　略為四念處　開則三十七　更廣復無盡
不以一種藥　而止眾病故　餘無量修法　皆攝在此中
（四念處）念隨順正智　緣中得止住　以念持此法　對治四顛倒
（四正勤）破邪行正道　不同世間勤　於法欲求證　黑白之止行
（四如意足）能攝心安穩　止住一緣中　失勤多散亂　令心調柔故
（五根力）調柔生五根　不可壞稱力　或以淺深論　或以軟利名
（七覺支）七覺支修用　令入於實智　念集善遮惡　中三沉令起
後三輕安等　心散時令定　得法心安穩　漸至涅槃城
（八正道）於法觀不謬　八正道戒見　正見四念處　慧根力擇法
正語離口邪　正思惟諦理　正業正命者　除一切邪命

正精進四勤　進根力進覺　正念念處等　念根力念覺
正定如意足　定根力定覺　念處正修法　正勤行不謬
攝心稱神足　根調柔名根　轉深說名力　入無學實智
說名菩提支　於法見不謬　正道之金繩　稱云八正道

（附）五種邪命　（比丘營不如法事而爲生活謂之邪命有五種）

（一）詐現異相　於世俗之人詐現奇特之相以求利養者

（二）自說功德　自說己功德以求利養者

（三）占相吉凶　學占卜而說人之吉凶以求利養者

（四）高聲現威　大言壯勢而現威勢以求利養者

（五）說所得利以動人　於彼得利則於此稱說之於此得利則於彼稱說之以求利養者

（附）十二緣起頌（出俱舍論）

無我唯諸蘊　煩惱業所爲　由中有相續　入胎如燈燄

無有實我唯色受想行識之五蘊假我　若爾此蘊卽應從此世轉至餘世　然蘊體是刹那卽滅無輪轉用故　要因數習惑業之作用　令中有蘊入胎相續有如燈燄

四有輪轉
- 本有　卽現在身之五蘊
- 死有　命終刹那之五蘊
- 中有　死後生前之五蘊
- 生有　中有入胎之五蘊

如引次第增（生老等）　相續由惑業　更趣於餘世　故有輪無初

如業所引　次第轉增　諸蘊相續　果縛未盡　子縛復生　故無最初作者

唯有惑業苦作十二支輪　旋迴不息　無始無作

如是諸緣起　十二支三際　前後際各二　中八據圓滿

或在名色位命終　唯歷二位　乃至取位命終　但歷七位　欲界具八支者爲圓滿　色界無名色支　無色界無名色及六處

宿惑無明位　無明—先世惱煩　至今果熟　總謂無明　即不明妄明義（智不及愚與煩惱愚）

宿諸業名行　行—宿生福非福不動等業　至今果熟　總名爲行

識正結生蘊　識—於母胎等正結生時　剎那五蘊

六處前名色　名色—結生之後　六處生之前　中間諸位　皆名名色（羯剌藍等五位）

從生眼等根
三和前六處
六處—眼等已生　至根境識未和合位　名六處

於三受因異未了知名觸——觸——從出胎至三歲　於根境識三和合用起　然未了苦樂諸受　名觸

在淫纔前受——受——四五歲已去　十四五已來　已了三受差別　雖起衣食等貪　未起淫貪　名受

貪資具纔愛——愛——十六七已去　貪妙資具及淫愛現行　未廣追求　名愛

爲得諸境界徧馳求名取——取——爲得種種上妙境界　周徧馳求　名取

有謂正能造牽當有果業——有——因馳求故　積集能牽當有果業　名有

結當有名生——生——由此業力　從此捨命　正結當有名生（當有之生即今識位）

至當受老死　老死
生剎那乃至當來受支　總名老死　如是老死
即今世名色等四支

傳許約位說　傳許世尊唯約分位　說諸緣起　有十二支

四種緣起
一　剎那緣起　於剎那中　由貪等行　具十二支
二　連縛緣起　無間相續義　鄰次相屬義　謂同類異類
因果無間相屬而起
三　分位緣起　於無際中唯取三際十二五蘊
四　遠續緣起　久遠相續無始

從勝立支名
問　若支支皆具五蘊　何緣但立無明等名
答　以何支中何法勝　故立何名

於前後中際
爲遺他愚惑

爲生不知來　死不知去　現在不知何等是我　此我云何
我誰所有　我當有誰　或執無因如斷見等　或執邪因如
大自在等　佛爲救此愚者　說十二支

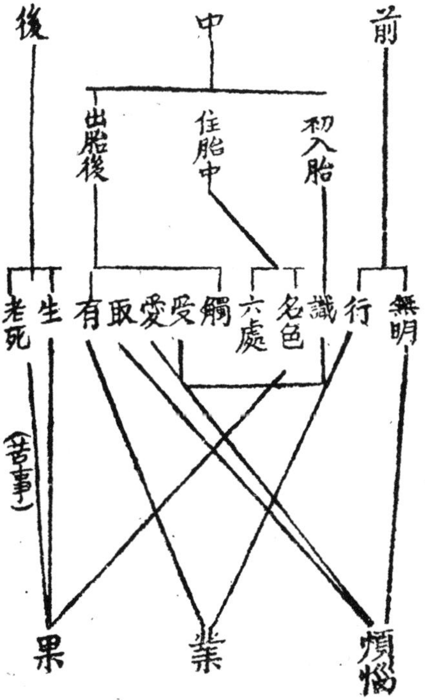

三煩惱二業　七事亦名果　略果即略因　由中可比二

由中際之廣可比前際之因後際之果故略

從惑生惑業——惑生惑　愛生取　惑生業　取生有　無明生行

從業生於事——行生識　有生生

從事事惑生——事生事　識生名色　生生老死等　事生惑　受生愛

有支理唯此

(四)上士修法分四(初)修平等捨心(二)修菩提願心(三)六波羅密(附入般若門)(四)四攝法

(甲一)初修平等捨心分三

(乙一)怨親不定想

頌　昔日之仇怨　聞名生憎怖　後復爲良友　無彼反不樂

順我者曰親　逆我即爲仇　或從無我觀　或以仇爲友

（乙二）自他易地想

頌　自他易地觀　亦世聖所教　若不從定修　則但墜言說
上士恆勤求　自苦他安樂　若慈母愛子　非他利譽故

（乙三）等皆如母想

頌　（一）無量輪迴中父母即是衆生　（二）現在活我之父母即是衆生　（三）使我了知解脫之父母即是衆生　（四）作悲田使我成佛之父母即是衆生

（甲二）修菩提願心 分三

（乙一）引言並發心之法喻及方便總說

頌　大般若佛母　諸佛佛子生　由圓頓次第　證果貴初心

發心利他故　樂正等菩提　金剛山藥善　如意日美音
如地金月火　大藏寶源瀛　樂聞聲河雲　二十二種等
王庫藏大路　乘騎流無盡　行假無三世　一多大小平
讚發心性相　餘處復廣明
悲圓菩提滿　發心佛卽成
發心證果二無別　由是中間發心難
發心非難難常繼　常繼方便應當說

(乙二)正觀分六

(丙一)知母　(決定盡法界之有情，無一非三世之父母)

頌　恆發意觀想　日夜各三次　信六道九有　恆河沙衆生
盡法界有情　皆過現父母　以長刧輪迴　當知如演劇

又現生活我　衣食等增上　毒蛇諸惡人　於我不相違
爲作解脫因　賢聖知識等　一切惡有情　及諸仇怨類
悲田六道衆　能長菩提因　成佛之父母　亦一切有情

（丙二）念恩　（應觀無盡悲流）

頌　父母生養教　悲流恆無盡　隨子生憂喜　慈愛過己身
觀今思既往　恩念正等齊　縱使兩肩負　何能報萬一

（丙三）報恩　（不知報恩，實世間之大無慚愧者）

頌　母流轉三有　正法多不聞　況在地獄中　或墮鬼畜生
盼子作救拔　子自安不聞　雖人頭而畜　不如鵝羊等
由不聞正法　不遇善知識　今在佛前誓　願盡度慈親

（丙四）悲心　（決定代受彼苦）

頌　嗚呼師尊三寶大慈悲　父母有情罪障惡業等
不聞正法八難並三塗　險厄愁憂無量一切苦
充滿有情界及器世間　諸惡果報齊降密如雨
惟願現今我身皆代受　盡未來際無息無止期

(內五)慈心　(決定施以己之利樂)

頌　凡我三時善根諸利樂　願悉無餘施供衆有情
有情惱我罵呪打殺等　觀若生身父母悉順承

(內六)增上心　(決定成佛心，作報恩之究竟)

頌　父母究竟離苦得安樂　要當成佛一切乃堪能
萬德莊嚴釋迦妙法王　無緣大悲寶庫觀世音
無垢大智湧泉妙吉祥　摧伏魔軍無餘祕密尊

大悲恩流諸祖諸師等　自他成佛唯願加垂被

（乙三）結語

頌　所緣盡有情　次第總別修　行相須明了　決定心不動
智悲德速圓　伏滅諸我見　成佛之始基　亦頓超十地

（甲三）六波羅密分六

（乙一）施波羅密分三

（丙一）施種類分四（丁一）內施（丁二）外施（丁三）無畏施（丁四）法施

頌　頭目妻財施　令他無恐懼　慈願善說法　正言至一語

（丙二）施功德分五（丁一）滅滅守護苦（丁二）滅滅追求苦（丁三）斷貪心
及滅當來由貪所生諸苦（丁四）心志歡喜　無不足之憂愁（丁五）當來
財富自在　究竟滿足檀度

頌 斷守護追求 貪心當來苦 歡悅心志光 無不足憂愁
當來大財富 亦安然自受 不與五家共 最後滿檀度

（丙三）對治施障分四（丁一）先未串習障（丁二）施物乏少障（丁三）躭著上妙悅意財物障（丁四）深樂施果障

頌 若先不習施 今世有不捨 觀功德過失 多少廣串習
施物不如意 由前慳貪盜 若不勵力施 困窮且日極
不以上妙施 得果難悅意 又執持妙寶 生險死不去
樂計思果報 如販鬻子息 不了三輪空 不得波羅密

（乙二）戒波羅密分三

（丙一）戒體分四 （丁一）由慈悲心 爲欲利益安樂無量衆生 決定受行菩薩之行（丁二）從他正受（丁三）受已無犯（丁四）雖犯還淨

頌

由大慈悲心　利樂盡有情　時空等無盡　受諸菩薩行
從他受如律　護持謹無犯　雖犯速還淨　是名爲戒體

(丙二)戒相分二

(丁一)性戒分十　(戊一)身三　殺盜淫　(戊二)口四　兩舌惡口妄言綺語　(戊三)意三　貪瞋癡

(丁二)遮戒　菩薩三聚戒分三　(戊一)律儀戒　瑜伽云卷四十　律儀戒者　謂諸菩薩所受七衆別解脫律儀　即是苾芻戒　苾芻尼戒　正學戒　勤策男戒　勤策女戒　近事男戒　近事女戒(戊二)攝善法戒　瑜伽云攝善法戒者　謂諸菩薩受律儀戒已　所有一切爲大菩提　由身語意積集諸善　總說名爲攝善法戒(戊三)饒益有情戒

四攝法　布施　愛語　利行　同事

頌　戒相說性遮　性謂十惡等　遮言三聚戒　如來金口制
律儀攝七衆　各各別解脫　不得別解脫　大戒築無基
瑜伽虛空藏　重戒總十八　攝善三十四　饒益戒十二

(丙三)破邪見分二　(丁一)辯定共道共與律儀戒(丁二)辯無律儀戒菩薩戒則不具支

頌　定共得定生　道共得果向　如法受便生　唯制戒律儀
大般若云　未見聖諦　未證實際　所有犯者
或有因緣　易可還淨　若見聖諦　證實際已
異見深重　雖可還淨
若不具律儀　菩薩戒缺支　雖有方便儀　難與眞作用
由戒增我執　持已輕他犯　無悲不勸攝　不嚴責皆非

（乙三）忍波羅蜜分三

（丙一）耐他怨害忍分五（丁一）宿生親善想（丁二）隨順法無我想（丁三）無常想（丁四）應令彼安樂想（丁五）攝受想

頌　宿生親善想　諸法無我觀　彼此剎那異　最後皆當死
或令彼安樂　攝受爲己任　況怨親不常　自他或異地

（丙二）安受衆苦忍分五（丁一）爲求菩提　受持戒法　衣食粗少　威儀行乞　種種勤劬等苦能忍（丁二）於世八法能忍（利衰毀譽稱譏苦樂）（丁三）爲供事師尊三寶　尋求正法　獨處寂靜　思維觀察　如理治心　修習止觀等苦能忍（丁四）在家士農工商等苦能忍（丁五）爲利他故　種種勞慮愁憂譏謗　追求諍持　身心疲勞等苦能忍

頌　若持戒求法　衣食等劣少　威儀諸劬勞　四依杜多行

又利衰毀譽　苦樂稱譏等　供事師三寶　求法處靜寂
如理調治心　止觀諸禪定　在家習士農　工商事王等
利他諸勞慮　愁憂受謗毀　追求於財法　不染之忿諍
身疲心厭倦　若退若難行　當觀苦性空　而果報決定

(丙三)得法忍分四　(丁一)功德忍(丁二)證得忍(丁三)修行方便忍(丁四)自他神通忍

頌
功德多聞等　於道有契證　當深隱勿揚　重寶防窺竊
修行諸方便　自他神通等　顯示不顯示　依戒觀器行

(乙四)精進波羅密分二

(丙一)云何精進分四(丁一)離染精進　一切煩惱未生不生　已生令斷

(丁二)引白法精進　一切善法未生令生　已生令住令不忘失　增長

廣大（丁三）淨業精進　能令三業惡行清淨（丁四）增長智精進　能集積聞思修慧

頌　令諸煩惱斷不生　白法引伸復廣大
三業惡行令消除　集積聞思修精進

（丙二）如何精進分五　（丁一）被甲　如法持戒等（丁二）加行　次第進修等（丁三）有勇　不懈不倦等（丁四）不退　不畏障難等（丁五）無已無有間斷等

頌　以戒為堅甲　加行依次第　臨敵勇不懈　雖傷亦無退
精進復無間　貫諸波羅密　距果遲或速　凡聖所由分

（乙五）靜慮波羅密分三

（丙一）現法樂住靜慮分二（丁一）遠離分別　掉舉　愛味　泯一切相

(丁二)能生輕安　寂靜　不染

頌　離分別掉舉　愛昧泯一切　生輕安寂靜　於法不染著

(丙二)能引功德靜慮　(丁一)能引十力等功德

頌　十力無畏等　如次而引生

(丙三)饒益有情靜慮分十二　(丁一)於諸衆生有義利事爲作助伴(丁二)於有苦者除苦(丁三)於顚倒者知理正說(丁四)於有恩者知恩報恩(丁五)於怖畏者能作救護(丁六)於喪失者能解愁憂(丁七)於有匱乏者施與資財(丁八)於諸大衆善能匡御(丁九)於諸有情善隨心轉(丁十)於實有德讚美令喜(丁十一)於有過者能正調伏(丁十二)爲現神通喜怖引攝

頌　作助伴除苦　於迷正開解　有恩知報恩　恐畏者救護

善解他憂愁　施匱乏之匡御　於一切有情　常善心隨轉
讚善正調伏　現神通喜怖　皆從靜慮生　別世間麤鹵

（乙六）般若波羅密分三

（丙一）三種般若（名相）分三（丁一）文字　即是名句文身（丁二）觀照　行深般若波羅密多時照見五蘊皆空參看智論百波羅密品華嚴梵行品及三論等（丁三）實相　不生亦不滅　不斷亦不常　不一亦不異　不來亦不去詳解在中觀論

頌　文字名句文　能詮之俗境　觀照攝於行
諸智之能作　實相謂眞境　親證或疏緣

（丙二）二智（體用）分二（丁一）眞智　即實相般若（丁二）俗智　即緣一切五明處而起成物利生之智

頌　能照實相者　說爲深般若　廣般若俗智　起菩薩萬行

(丙三)三慧(得因)分三(丁一)聞慧　由依止善士聽聞正法而生得之慧

(丁二)思慧　如理作意而生得之慧(丁三)修慧　依聞思加行而證得之慧

頌　如是諸般若　悉由三慧成

(附)　入般若法門

(一)　何爲般若

名義　般若謂正知　遠離顛倒類　般若者眞見　不觀夢幻實
不住色生心　合集流注等　般若者純淨　我相塵垢離

體性　體有眞及俗　眞體離言思　親證或疏緣　俗體謂經論
大經卷六百　論莊嚴中觀　餘復無量種　各各名句文

義相　三智或八法　廣七十義等　八不四無生　二種無我等

理相　初發菩提心　至成佛究竟　諸道地因果　衆旨趣所因

（二）以何故學般若

聲緣　依色等無常　證得無我體　得聲緣解脫　永別世間苦

菩薩　依於一切乘　定出離成辦　有情攝非攝　能作道種智

佛　依諸法無生　盡空際有情　悲流恆無盡　證正等菩提

總說　廣大菩提城　般若能爲導　千盲等億劫　終不能得至

（三）何等人應學般若

下士　爲了知苦樂　悉究竟皈依　明黑白業道　趣吉而避險

中士　觀無常衆苦　決定求出離　依諦緣等法　得無我涅槃

上士　平等觀有情　若父母子女　不畏不入流　自苦他安樂

外相　堪學般若人　有三種徵相　初聞般若理　內心數悅樂

喜極流涕淚　身毛作豎立　或能依教行　堪授實諦義

（四）應如何學般若

應捨　若一類有情　依於自種性　聞般若深義　於理觀錯倒
佛大事因緣　及俱有諸法　未得正了知　生二種過失
不善巧空義　而墮於惡取　或於自性無　而執自性有
於現實因果　一切作損減　顛倒壞世間　不善捉蛇者
或於色等法　如幻化喻品　增益壞勝義　妄認空花實
如是執斷常　落有或落無　隨一墮惡趣　學者應遠離

應學　人生實難得　正法尤難遇　此身如聚沫　無常大鬼呑
日夜衆苦逼　相續恆無盡　壞井毒蛇泉　智者熱思之
分別熱渴想　求水飲鹹海　由鹹轉增渴　由渴飲更多

鹹海水可涸　此渴莫能已　求五欲自娛　癡人亦如是

涅槃界清涼　無諸渴熱惱　尋求善知識　隨行般若教

聞

不驕慢障蓋　恭敬不怯弱　不貪應時請　依義不求過

佛如大醫王　般若阿迦藥　我如待死人　得以藥以生

思

於法樂正思　善稱量觀察　攝持精密義　諸默說大說

祕密深隱義　勿以世智忖　於諸離言境　不加邪思議

未知義求知　已知無忘失　甚深理不違　仰推如來境

修

如所求所受　三業無倒轉　佛止不造作　令行勤精進

生善

能依此善學　無錯不倒反　行空不住空　了空不作證

由正空見生　亦不壞餘義　欲學修不斷　轉起勤施與

於戒能正受　受已能住持　復相續而轉　解空性大悲

發生大忍持　聖者諸所作　能學能修行　恆常力精進
靜慮解脫生　乃至究竟邊　般若悲皆具　皆迴向有情

（五）依止何人學習般若

具調伏寂靜　惑除三德增　有勇阿含富　覺眞善論議
悲深離退息　十德堪依止　復解般若理　圓滿之教義
得方便善巧　能作之正士　完全次第知　如法引隨行

（六）如是學修般若之果如何

若善修學人　了證般若理　不執蘊處界　諦緣諸度等
流轉還滅法　智照皆如幻　度一切苦厄　知色空義故
是心無罣礙　亦無諸恐怖　離顛倒夢想　得究竟涅槃
乃至大菩提　悉由佛母生　能聞如是法　福慧無比倫

一切有爲法　如夢幻泡影　如露亦如電　應作如是觀

(甲四)四攝法 分四

總說

頌　六度成自利　四攝能益他　成佛勝資糧　上士應善尋
難行菩薩道　見聞驚怖生　當念諸菩薩　其初亦如我
若先作願欲　漸漸小小行　串習時分多　不加功任運

(乙一)布施　如前六度中說　而偏在攝他　謂攝受眷屬　令修善行　須彼歡喜　應以資財饒益其身　既歡喜已　教令必從　乃令修道

頌　施同示勸學　自亦隨順轉　是爲愛樂語　利行及同事(出莊嚴經論)
施相同度說　而意在攝他　令彼心歡悅　成就聞法器

(乙二)愛語　於所化機開示諸度　謂以可愛語　除其無知　斷其疑惑

令其正受法義　此中復分順世語及正法語

頌　愛語除無知　斷疑受法義　或順世間言　或依法正語

（乙三）利行　如所教義　令所化機　如實修行　或令正受　未成熟者令其成熟　已成者令得解　又應行難行利行有三（一）少善根者（二）大財位者（三）習外道者

頌　利行令實修　所教衆法義　未成令成熟　已成令解脫
若善根弱小　大財勢名位　曾習外道類　勤勞多方引

（乙四）同事　教他所修　自亦應修　與彼同學　不語之語　自身能行他必從之　自身不行　強令他行　諍訟無益　故當同事

頌　同事自能行　恆常力精進　雖不教彼修　相習亦隨轉
口說正教理　自身不能行　諍訟難益他　調人勤調己

(五)密乘修法 分五(初)密義略釋(二)密器之鑄成(三)擇師法(四)受學密乘戒(五)修行要道

(甲)(初)密義略釋 分八

(乙一)尊貴密　尊者諸曼荼拏　如帝王宮　不可盡人遊觀　貴者密符印契、如傳國璽。不可凡人皆持　故見爲密

(乙二)微細密　法界緣起　種子相續　三輪各各不思議用　及三業互用如是如是　細微細微　世人不知　密教中詳示修學方規　漸令開曉以常人粗心缺學　不善了知　故以爲密

(乙三)普徧密　眞如道理　普能含攝　徧入無間　圓裹十方　貫徹三世如大白傘蓋　即是一切性空　法界　法性　不虛妄性　不變異性平等性　離生性　法定　法住　實際　虛空界　不思議界　無爲　菩

提道　名異體同　凡夫日用而不自覺　教中處處指引　故說爲密

（乙四）隱顯密　如一法上　法法俱足　此顯彼隱　此隱彼顯　衆生顧此失彼　不觀隱微　執取一端　故見爲密　不知顯是密之顯　密是顯之密　有則雙存　無則並遣　若不知顯　則不了密之性相　若不知密　則不悉顯之作用　故密固密　顯亦密　顯固顯　密亦顯　以不知故均覺爲密

（乙五）總持密　隨舉一法　持一切法　無不具備　如發心功德　萬善齊張　阿字義門　諸惡盡滅　乃至戒定慧道度攝等行　聞思修法境行果事　無量諸法　攝於一法之上　功用齊起　無不圓具　此惟善習者能知　故稱爲密

（乙六）發心密　由其了解上說圓頓境義　并知下文次第力用之法　深明

發心成佛因果　理事一貫之義相作用　而起發菩提心之次第修行　有異乎平常斷惑證眞之力用　超越時間　因果同時　如是發菩提心之用

世人不知　或知而不信　或行不如法　故稱爲密

(乙七)次第密　次第者方便善巧之謂　云何善巧　由理事圓融　諸法齊修而不紛亂　並能與各各相應同時具足之微妙次第作用　以得諸善巧故　能二智速圓　二障易除　果道立成　有進無退　魔不能擾　庸常莫知　故稱爲密 次第分五

(丙一)境善巧　謂了前五者密義故

(丙二)對治善巧分二(丁一)能治善巧　即斷惑之作用殊妙　由其信解皈依發心教乘次第力故(道品等)得深厚之加持故　信解自心不思議力故　信解眞空理故　具足持戒力故　信解業不思議因果力故　信解

法界緣起力故 （丁一一）所治善巧 即能治能知細微惑故 諸障不障故 衆魔不擾故 遣除退惰別具方便故 困苦愚昧能解救故 由能治力強 諸惑猶點雪入爐 惑不我害故 方便衆多 難除之習氣易除故 能令智等資糧 速得圓滿

（丙三）時劫善巧 時屬假法 無起無盡 中間不住 三世無從安立 論云無方距果遠 果近善方便 成佛時劫遠近 視方便如何耳

（丙四）資糧善巧 謂由善對治二空易證解方便故如普賢供雲等法福資易成

（丙五）師資善巧 謂求如量師 得法流甘露 滋養慧身 得有形無形之攝護 不墮邪險 指示道途之曲直險易 無迂迴遲緩 不入疑怖之林 穩速至家故

（乙八）爲知密 不解密義認同妖術 不親知識 妄評是非 顯密異轍而

觀或執此以謗彼　劣慧愚迷　故見爲密

(甲二)密器之鑄成 分四

(乙一)具足修持菩提 分二

(丙一)願心

頌 未修菩提心　他人不若己　怨親了了別

愛憎心不平　若佩法王璽　自他同害困

(丙二)戒行

頌 無戒行無力　不堪有所涉　如不火之器　仍無異土坯

三聚戒不全　漏池難蓄水　根基既壞殘　密戒無由生

(乙二)學習完全次第 深修廣行 之教理

頌 不知深般若　圓成難修學　不學廣般若　生起艱於行

如醫師藥匠　不解醫科理　雖終身勤劬　不獲勝利譽
無方更教他　害人亦害己

(乙三)分全證得密理加持而生之密乘信願

頌
不解空無我　信願皆不實　由他信心生　可由他不信
執我若芭蕉　安可作樑柱　堂殿功未完　不風雨而傾
廣大堅實法　必安金剛地　未親受加持　信願不堅固
信由他可毀　不堪有緣違　修行力復鮮　寶山未親見

(乙四)總頌

頌
菩提心戒心　深廣般若理　證空加持力　二者之信願
合三分則六　缺一器非善

(甲三)擇師法 分三

(乙一)揀除者分四(丙一)多忿恚而不具悲心(丙二)貪名聞利養而無厭足

(丙三)持己傲慢而無防護(丙四)諂曲而不正直

(乙二)應具者分十

(丙一)住調伏

頌　動止要中律　不越顯密戒

(丙二)具三慧

頌　二教聞思修　三慧具不缺

(丙三)有忍力(顯密)

頌　於功德及證　修行諸方便　神通等甚深　祕藏不顯現

(丙四)性沉毅

頌　作業性堅忍　重諾事不掉

（丙五）善傳授

頌　於觀機施教　具方便善巧　次第若登高　初中後不謬

（丙六）具悲心

頌　爲報酬佛恩　令正法不淪　不忍心攝受　非利養恭敬

（丙七）善論議

頌　依顯密法相　能遮表決擇　開合不違量　旁通復中理

（丙八）精曼荼

頌　於密教事相　善精密了辦

（丙九）解加行

頌　種種陀羅尼　修行助道等　一一皆具足　實習之修智

（丙十）根調寂

頌　雖不具相好　內德實充盈　外儀亦可表　慈威而調純
言少言必當　見者生欽敬

（乙三）總法則

頌　得師先共住　親近經多旬　若不互觀察　皆得越法罪
功德要求全　密乘無開許　師德若不全　悉地無堪能
若得眞依怙　終身應依止　依止勿乖法　乖法地獄淪
當視之如佛　悉地現身證

（甲四）受學密乘戒

頌　求得如量師　進應受密戒　自他力皆強　悉地現身獲
越誓險中險　現前生苦受　乃至殺自他　死復墮燒煑

（甲五）修行要道分二

（乙一）依止

頌　成悉地由師　是執金剛說　一切實了知　全賴師悅樂
戒初事師頌　應學應當作　總意樂加行　智者慎勿忽

（乙二）修行

頌　由密器鑄成　復得無上師　戒體善取持　依止並如法
達解二藏理　三密事精能　附修諸要則　一一咸若命
次第復完全　隱速得現證　此身定成佛　經言非空論

結願

頌　稽首禮三身　聖言並現證　具戒勤修者　諸乘得果聖
願大慈加護　我及父母身　悉發金剛願　入廣大教乘
能次第進修　能穩速登聖　自他魔陣中　凡入皆必勝
速殄滅魔軍　娑婆土成淨　復相續無間　如來三身證

此表及頌於民國十七年由康旋川禮師塔時集成於天寶寺即在渝市講演一週而後入藏至民二十三年由藏返內地後連年講印已經十四五次爲避每次較勘之勞今在成都成梓以廣流通版存成都文殊院經房集者識

國家圖書館出版品預行編目資料

宗喀巴大師顯密修行次第科頌 / 宗喀巴大師著作；
能海法師翻譯. -- 1 版. -- 新北市：華夏出版有限公司,
2022.11
面； 公分. --（Sunny 文庫；240）
ISBN 978-626-7134-21-4（平裝）
1.CST：藏傳佛教 2.CST：注釋 3.CST：佛教修持

226.962 111007491

Sunny 文庫 240
宗喀巴大師顯密修行次第科頌

著 作 宗喀巴大師
翻 譯 能海法師
印 刷 百通科技股份有限公司
電話：02-86926066 傳真：02-86926016
出 版 華夏出版有限公司
220 新北市板橋區縣民大道 3 段 93 巷 30 弄 25 號 1 樓
電話：02-32343788 傳真：02-22234544
E-mail： pftwsdom@ms7.hinet.net
總 經 銷 貿騰發賣股份有限公司
新北市 235 中和區立德街 136 號 6 樓
電話：02-82275988 傳真：02-82275989
網址：www.namode.com
版 次 2022 年 11 月 1 版
特 價 新台幣 200 元（缺頁或破損的書，請寄回更換）

ISBN： 978-626-7134-21-4

《宗喀巴大師顯密修行次第科頌》 由佛教出版社同意華夏出版有限公司出版